Impressum
Verlag: BABADADA GmbH, Nedderfeld 112 , 22529 Hamburg
Geschäftsführer / Verlagsleitung: Harald Hof
Druck: Books on Demand GmbH, In de Tarpen 42, 22848 Norderstedt

Imprint
Publisher: BABADADA GmbH, Nedderfeld 112 , 22529 Hamburg, Germany
Managing Director / Publishing direction: Harald Hof
Print: Books on Demand GmbH, In de Tarpen 42, 22848 Norderstedt, Germany

skóli

სკოლა

kennslustofa
საკლასო ოთახი
deila
გაყოფა
186/2
tafla
დაფა
skólalóð
სკოლის ეზო
kennari
მასწავლებელი
pappír
ქაღალდი
skrifa
წერა
penni
კალამი
skrifborð
მაგიდა
reglustika
სახაზავი
bók
წიგნი
nemandi
მოსწავლე

skólataska
ზურგჩანთა

pennaveski
პენალი

blýantur
ფანქარი

yddari
ფანქრების სათლელი

strokleður
საშლელი

teikniblað
ნახატების ალბომი

2 skóli - სკოლა

teikning

ნახატი

pensill

ფუნჯი

litakassi

საღებავის ყუთი

skæri

მაკრატელი

lím

წებო

æfingabók

სავარჯიშო რვეული

heimavinna

საშინაო დავალება

12

númer

ნომერი

2+2

leggja saman

დამატება

5-2

draga frá

გამოკლება

2×2

margfalda

გამრავლება

reikna

გამოთვლა

A

bréf

წერილი

ABCDEFG
HIJKLMN
OPQRSTU
VWXYZ

stafróf

ანბანი

hello

orð

სიტყვა

texti

ტექსტი

lesa

წაკითხვა

krít

ცარცი

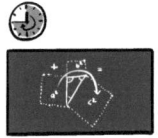

kennslustund

გაკვეთილი

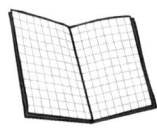

kladdi

რეგისტრაცია

próf

გამოცდა

vottorð

სერტიფიკატი

skólabúningur

სკოლის ფორმა

menntun

განათლება

alfræðirit

ენციკლოპედია

háskóli

უნივერსიტეტი

smásjá

მიკროსკოპი

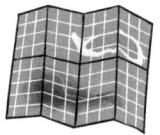

kort

რუქა

ruslakarfa

კალათა ნარჩენი ქაღალდებისათვის

ferðalög

hótel
სასტუმრო
farfuglaheimili
ჰოსტელი
gjaldeyrisskipti
ვალუტის გადაცვლის პუნქტი
ferðataska
ჩემოდანი
bíll
მანქანა

tungumál

ენა

já / nei

კი / არა

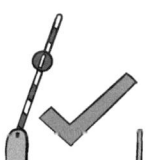

allt í lagi

კარგი

halló

გამარჯობა

þýðandi

მთარგმნელი

takk fyrir

გმადლობთ

hvað kostar...?

რა ღირს... ?

Ég skil ekki

ვერ გავიგე

vandamál

პრობლემა

Gott kvöld!

აღამო მშვიდობისა!

Góðan dag!

დილა მშვიდობისა!

Góða nótt!

ღამე მშვიდობისა!

bless bless

ნახვამდის

átt

მიმართულება

farangur

ბარგი

taska

ჩანთა

bakpoki

ზურგჩანთა

gestur

სტუმარი

herbergi

ოთახი

svefnpoki

საძილე ტომარა

tjald

კარავი

upplýsingamiðstöð

ტურისტული ინფორმაცია

strönd

სანაპირო

kreditkort

საკრედიტო ბარათი

morgunverður

საუზმე

hádegisverður

ლანჩი

kvöldmatur

ვახშამი

farmiði

ბილეთი

lyfta

ლიფტი

frímerki

საფოსტო მარკა

landamæri

საზღვარი

tollur

საბაჟო

sendiráð

საელჩო

vegabréfsáritun

ვიზა

vegabréf

პასპორტი

samgöngur
ტრანსპორტი

flugvél
თვითმფრინავი
skip
გემი
slökkviliðsbíll
სახანძრო მანქანა
strætó
ავტობუსი
vörubíll
სატვირთო მანქანა
vélbátur
მოტორიზებული ნავი
bíll
მანქანა
hjól
ველოსიპედი

ferja

ბორანი

bátur

ნავი

mótorhjól

მოტოციკლი

lögreglubíll

პოლიციის მანქანა

kappakstursbíll

სარბოლო მანქანა

bílaleigubíll

დაქირავებული მანქანა

bílasamneyti

მანქანის ერთობლივი
მოხმარება

dráttarbíll

საბუქსირე მანქანა

öskubíll

ნაგვის მანქანა

vél

ძრავა

eldsneyti

საწვავი

bensínstöð

ბენზინგასამართი სადგური

umferðarskilti

საგზაო ნიშანი

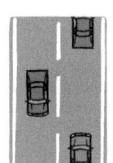

umferð

მოძრაობა

umferðarteppa

საცობი

bílastæði

მანქანის სადგომი

lestarstöð

მატარებლის სადგური

járnbrautarteinar

ლიანდაგები

lest

მატარებელი

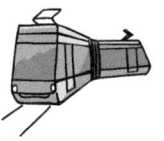

sporvagn

ტრამვაი

vagn

ვაგონი

þyrla

ვერტმფრენი

flugvöllur

აეროპორტი

turn

კოშკი

farþegi

მგზავრი

gámur

კონტეინერი

pappakassi

მუყაოს ყუთი

kerra

ურიკა

karfa

კალათა

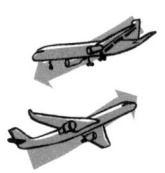

takast á loft / lenda

აფრენა / დაშვება

borg

ქალაქი

þorp

სოფელი

miðbær

ქალაქის ცენტრი

hús

სახლი

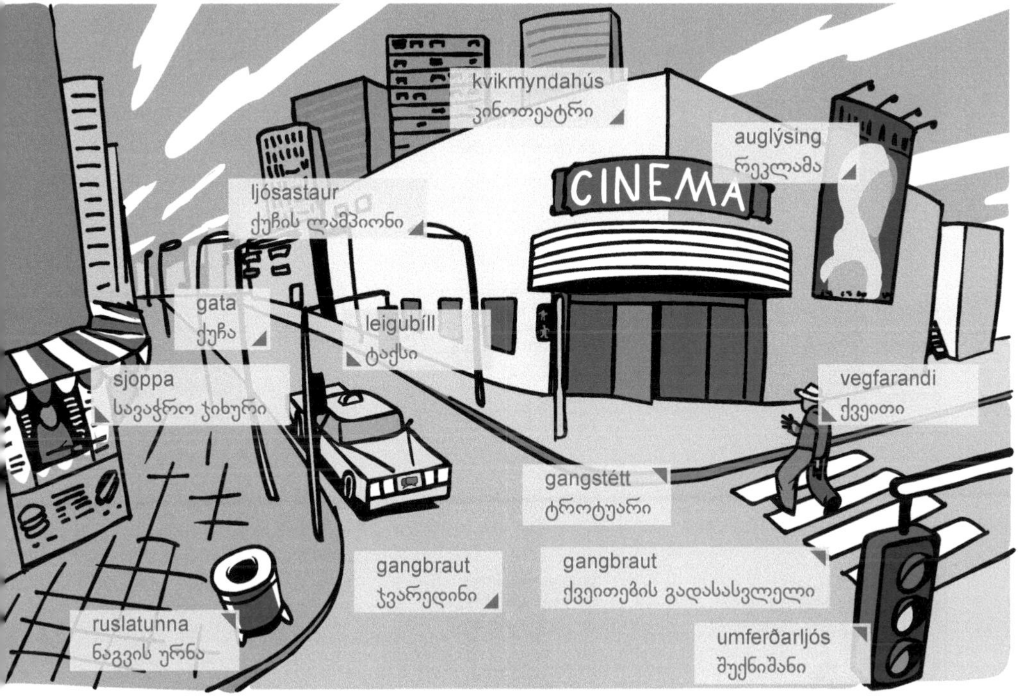

kvikmyndahús
კინოთეატრი
auglýsing
რეკლამა
ljósastaur
ქუჩის ლამპიონი
gata
ქუჩა
leigubíll
ტაქსი
sjoppa
სავაჭრო ჯიხური
vegfarandi
ქვეითი
gangstétt
ტროტუარი
gangbraut
ჯვარედინი
gangbraut
ქვეითების გადასასვლელი
ruslatunna
ნაგვის ურნა
umferðarljós
შუქნიშანი

skáli

ქოხი

íbúð

ბინა

lestarstöð

მატარებლის სადგური

ráðhús

მუნიციპალიტეტი

safn

მუზეუმი

skóli

სკოლა

háskóli

უნივერსიტეტი

banki

ბანკი

sjúkrahús

საავადმყოფო

hótel

სასტუმრო

apótek

აფთიაქი

skrifstofa

ოფისი

bókabúð

წიგნების მაღაზია

búð

მაღაზია

blómabúð

ფლორისტი

kjörbúð

სუპერმარკეტი

markaður

ბაზარი

stórmarkaður

მაღაზიის განყოფილება

fiskbúð

თევზის გამყიდველი

verslunarmiðstöð

სავაჭრო ცენტრი

höfn

ნავსადგომი

almenningsgarður

პარკი

bekkur

გრძელი სკამი

brú

ხიდი

stigi

კიბეები

neðanjarðarlest

მიწისქვეშა გადასასვლელი

göng

გვირაბი

biðstöð

ავტობუსის გაჩერება

bar

ბარი

veitingastaður

რესტორანი

póstkassi

საფოსტო ყუთი

götuskilti

ქუჩის ნიშანი

stöðumælir

პარკინგის საზომი

dýragarður

ზოოპარკი

sundlaug

საცურაო აუზი

moska

მეჩეთი

bær

ფერმა

mengun

გარემოს დაბინძურება

kirkjugarður

სასაფლაო

kirkja

ეკლესია

leiksvæði

საბავშვო მოედანი

musteri

ტაძარი

landslag
ლანდშაფტი

laufblað
ფოთოლი

leiðarvísir
გზის მანიშნებელი ნიშანი

leið
გზა

engi
მდელო

steinn
ქვა

göngufólk
მოგზაური

tré
ხე

á
მდინარე

gras
ბალახი

blóm
ყვავილი

dalur

ხეობა

hæð

გორაკი

stöðuvatn

ტბა

skógur

ტყე

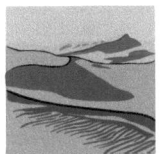

eyðimörk

უდაბნო

eldfjall

ვულკანი

kastali

ციხე

regnbogi

ცისარტყელა

sveppur

სოკო

pálmatré

პალმა

moskítófluga

კოღო

fluga

ბუზი

maur

ჭიანჭველა

býfluga

ფუტკარი

kónguló

ობობა

bjalla

ხოჭო

froskur

ბაყაყი

íkorni

ციყვი

broddgöltur

ზღარბი

héri

კურდღელი

ugla

ბუ

fugl

ფრინველი

svanur

გედი

villisvín

ტახი

dádýr

ირემი

elgur

ცხენ-ირემი

stífla

კაშხალი

vindmylla

ქარის ტურბინა

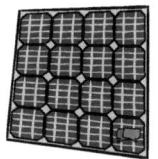

sólarrafhlaða

მზის ბატარეა

loftslag

კლიმატი

þjónn
მიმტანი
matseðill
მენიუ
stóll
სკამი
súpa
სუპი
pizza
პიცა
hnífapör
დანა-ჩანგალი
dúkur
მაგიდაზე გადასაფარებელი

forréttur
....
საუზმე

aðalréttur
....
მთავარი კერძი

eftirréttur
....
დესერტი

drykkir
....
დასალევი

matur
....
საჭმელი

flaska
....
ბოთლი

skyndibiti

სწრაფი კვება

götumatur

ქუჩის საჭმელი

teketill

ჩაიდანი

sykurskál

საშაქრე

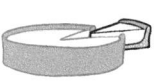

skammtur

პორცია

espressovél

ესპრესოს მანქანა

barnastóll

მაღალი სკამი

reikningur

ანგარიში

bakki

ლანგარი

hnífur

დანა

gaffall

ჩანგალი

skeið

კოვზი

teskeið

ჩაის კოვზი

servíetta

ხელსახოცი

glas

ჭიქა

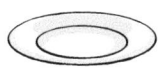

diskur

თეფში

súpudiskur

სუპის თეფში

undirskál

ჩაის ლამბაქი

sósa

საწებელი

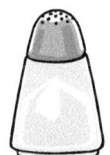

saltstaukur

სამარილე

piparkvörn

წიწაკის საფქვავი

edik

ძმარი

olía

ზეთი

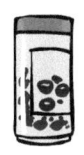

krydd

სანელებლები

tómatsósa

კეტჩუპი

sinnep

მდოგვი

majónes

მაიონეზი

kjörbúð

სუპერმარკეტი

tilboð
სპეციალური შეთავაზება
FOR
viðskiptavinur
მომხმარებელი
mjólkurvörur
რძის ნაწარმი
ávöxtur
ხილი
búðarkerra
ურიკა

slátrari

საყასბო

bakarí

საცხობი

vega

აწონვა

grænmeti

ბოსტნეული

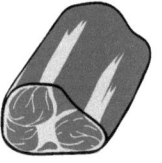

kjöt

ხორცი

frosinn matur

გაყინული საკვები

kjötálegg

გრილი ხორცი

niðursoðinn matur

კონსერვები

þvottaefni

სარეცხი ფხვნილი

sælgæti

ტკბილეული

vörur til heimilisnota

საყოფაცხოვრებო
პროდუქტები

hreinsiefni

სარეცხი საშუალებები

afgreiðslukona

გამყიდველი

afgreiðslukassi

სალარო

gjaldkeri

მოლარე

innkaupalisti

საყიდლების სია

opnunartímar

მუშაობის საათები

veski

პორტმანი

kreditkort

საკრედიტო ბარათი

poki

ჩანთა

plastpoki

პლასტიკური პარკი

drykkir
დასალევი

vatn

წყალი

safi

წვენი

mjólk

რძე

kók

კოკა-კოლა

vín

ღვინო

bjór

ლუდი

áfengi

ალკოჰოლი

kakó

კაკაო

te

ჩაი

kaffi

ყავა

espresso

ესპრესო

kaffi

კაპუჩინო

banani

ბანანი

epli

ვაშლი

appelsínugulur

ფორთოხალი

melóna

საზამთრო

sítróna

ლიმონი

gulrót

სტაფილო

hvítlaukur

ნიორი

bambus

ბამბუკი

laukur

ხახვი

sveppir

სოკო

hnetur

კაკალი

núðlur

ატრია

spagettí

სპაგეტი

hrísgrjón

ბრინჯი

salat

სალათი

franskar kartöflur

ჩიპსები

steiktar kartöflur

შემწვარი კარტოფილი

pizza

პიცა

hamborgari

ჰამბურგერი

samloka

სენდვიჩი

snitsel

კოტლეტი

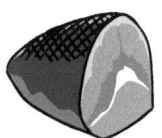

skinka

ლორი

salami

სალიამი

pylsa

ძეხვი

kjúklingur

წიწილა

steik

შემწვარი ხორცი

fiskur

თევზი

hafrамjöl

შვრიის ფაფა

múslí

მუსლი

kornflögur

სიმინდის ფანტელები

hveiti

ფქვილი

franskt horn

კრუასანი

smábrauð

ბულკი

brauð

პური

ristað brauð

ტოსტი

kex

ნამცხვრები

smjör

კარაქი

ystingur

ხაჭო

kaka

ტორტი

egg

კვერცხი

spælt egg

ერბო-კვერცხი

ostur

ყველი

ís

ნაყინი

sykur

შაქარი

hunang

თაფლი

sulta

ჯემი

súkkulaðiálegg

შოკოლადის კრემი

karrý

კარი

bær

ფერმა

bóndabær
სოფლის სახლი
hlaða
თავლა
heybaggi
ჩალის შეკვრა
hagi
ყანა
hestur
ცხენი
kerra
მისაბმელი
folald
კვიცი
dráttarvél
ტრაქტორი
asni
ვირი
sauðfé
ცხვარი
lamb
ცხვარი

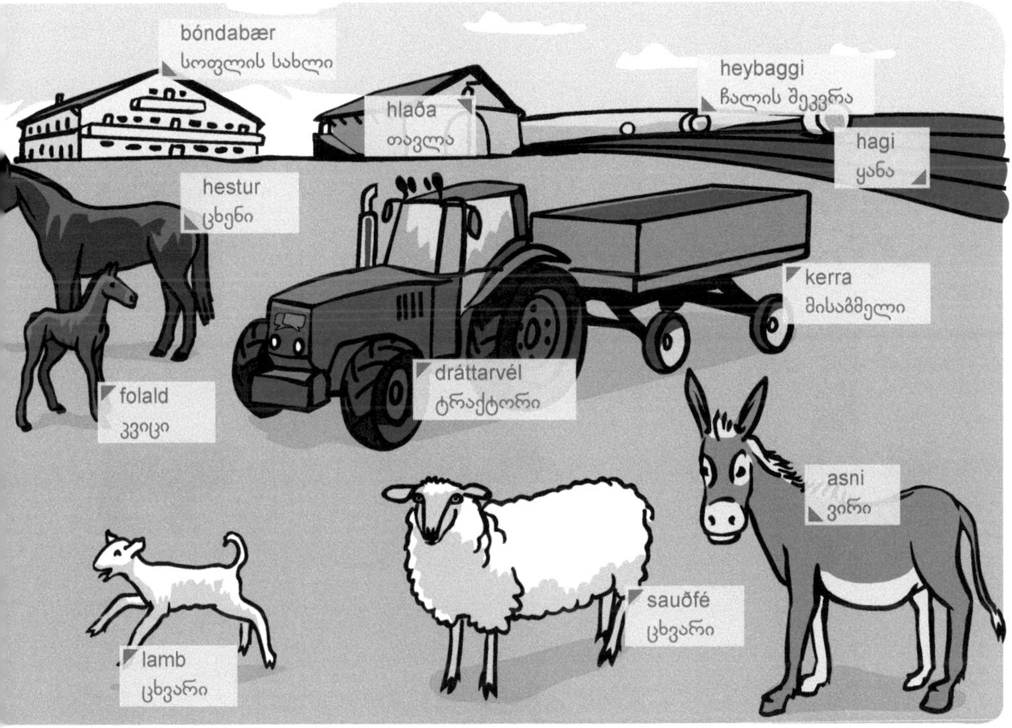

geit

თხა

kýr

ძროხა

kálfur

ხბო

svín

ღორი

grís

გოჭი

naut

ხარი

gæs

ბატი

önd

იხვი

ungi

წიწილა

hæna

ქათამი

hani

მამალი

rotta

ვირთხა

köttur

კატა

mús

თაგვი

uxi

ხარი

hundur

ძაღლი

hundakofi

საძაღლე

garðslanga

ბაღის შლანგი

garðkanna

საბაღე წურწურა

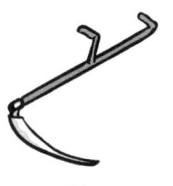

ljár

ცელი

plógur

გუთანი

sigð

ნამგალი

hlújárn

თოხი

heygaffall

პატივის სახვეტი ჩანგალი

öxi

ცული

hjólbörur

მაზიდი

trog

გობი

mjólkurfata

რძის ბიდონი

poki

ტომარა

girðing

ღობე

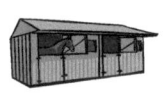

gripahús

ბოსელი

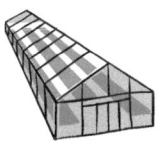

gróðurhús

სათბური

jarðvegur

ნიადაგი

fræ

თესლი

áburður

სასუქი

kornskurðarvél

მოსავლის ამღები კომბაინი

uppskera

მოსავლის აღება

uppskera

მოსავალი

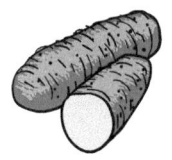

kínverskar kartöflur

იამი

hveiti

ხორბალი

soja

სოიო

kartafla

კარტოფილი

maís

სიმინდი

repja

სარეველას თესლი

ávaxtatré

ხეხილი

maníókarót

მანიოკი

korn

მარცვლეული

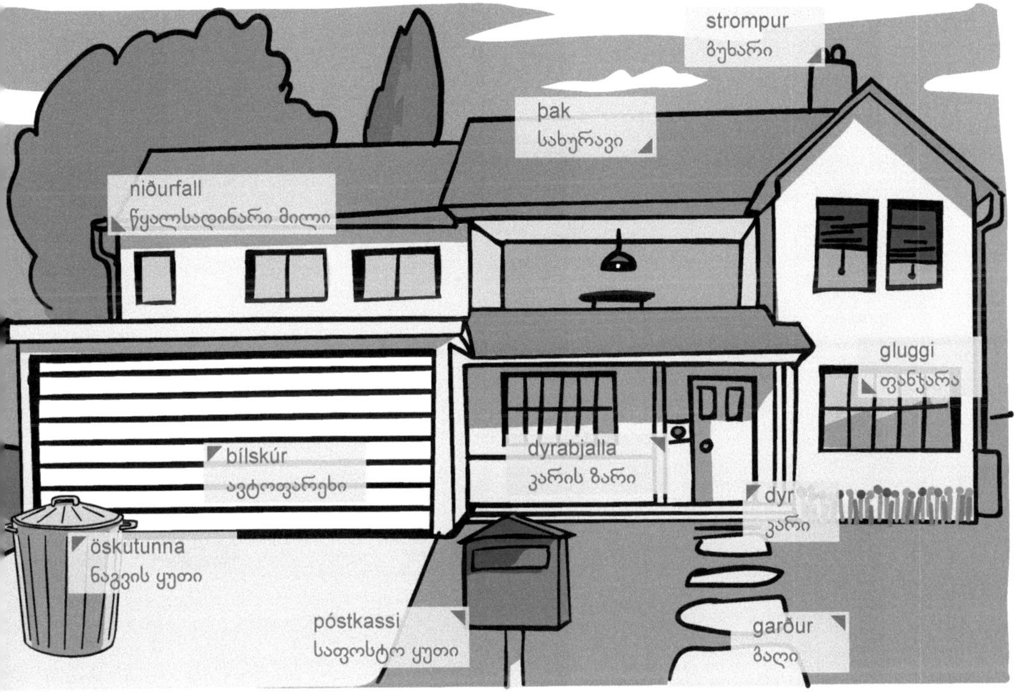

strompur
ბუხარი

þak
სახურავი

niðurfall
წყალსადინარი მილი

gluggi
ფანჯარა

bílskúr
ავტოფარეხი

dyrabjalla
კარის ზარი

dyr
კარი

öskutunna
ნაგვის ყუთი

póstkassi
საფოსტო ყუთი

garður
ბაღი

stofa

მისაღები ოთახი

baðherbergi

აბაზანა

eldhús

სამზარეულო

svefnherbergi

საძინებელი

barnaherbergi

საბავშვო ოთახი

borðstofa

სასადილო ოთახი

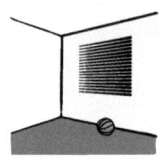

gólf
სართული

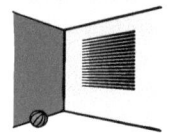

veggur
კედელი

loft
ჭერი

kjallari
სარდაფი

gufubað
საუნა

svalir
აივანი

verönd
ტერასა

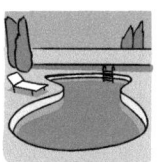

sundlaug
აუზი

sláttuvél
გაზონის საკრეჭი

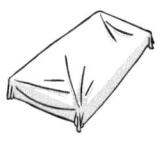

lak
საბნის კონვერტი

rúmteppi
საწოლი

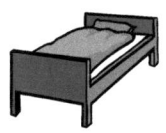

rúm
ლოგინი

kústur
ცოცხი

fata
სათლი

rofi
გადამრთველი

hús - სახლი

stofa

მისაღები ოთახი

veggfóður
შპალერი
ljósmynd
ნახატი
lampi
ნათურა
hilla
თარო
skápur
კარადა
sjónvarp
ტელევიზორი
arinn
ბუხარი
blóm
ყვავილი
púði
ბალიში
sófi
დივანი
vasi
ვაზა
fjarstýring
დისტანციური მართვა

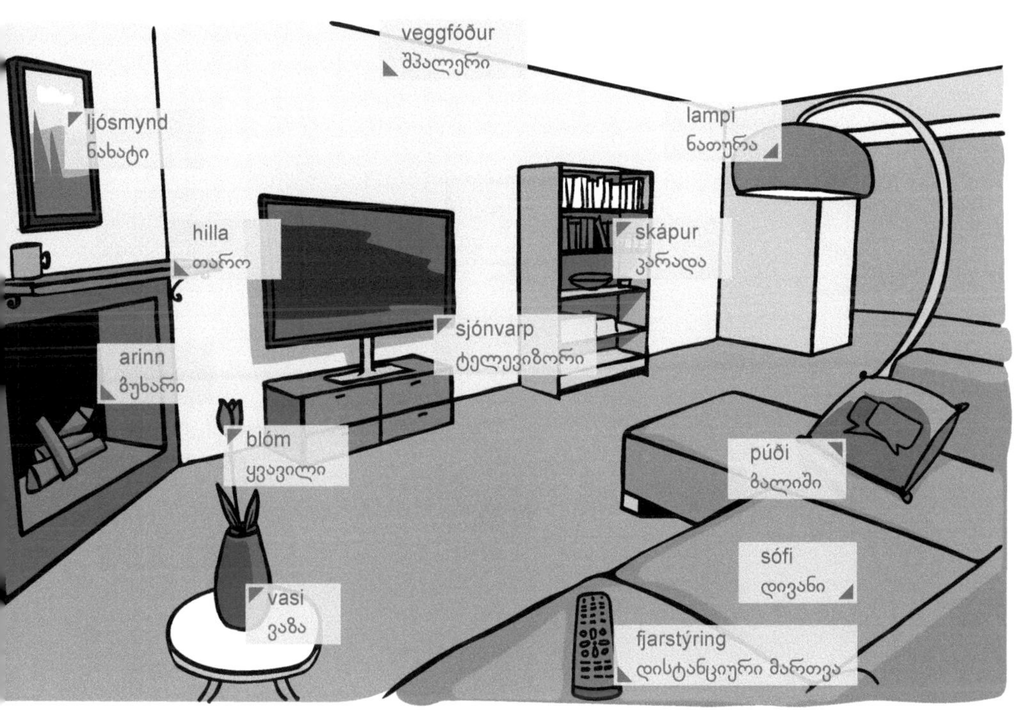

teppi

ხალიჩა

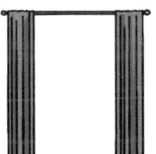

gardínur

ფარდა

borð

მაგიდა

stóll

სკამი

ruggustóll

სარწეველა სკამი

hægindastóll

სავარძელი

bók

წიგნი

sæng

საბანი

skraut

დეკორაცია

eldiviður

შეშა

mynd

ფილმი

hljómflutningstæki

hi-fi მოწყობილობები

lykill

გასაღები

dagblað

გაზეთი

málverk

ფერწერა

veggspjald

პლაკატი

útvarp

რადიო

minnisbók

ბლოკნოტი

ryksuga

მტვერსასრუტი

kaktus

კაქტუსი

kerti

სანთელი

eldhús
სამზარეულო

ísskápur
მაცივარი
örbylgjuofn
მიკრო-ტალღური ღუმელი
eldhúsvog
სამზარეულოს სასწორი
brauðrist
ტოსტერი
uppþvottaefni
სარეცხი საშუალება
ofn
ღუმელი
frystihólf
საყინულე
öskutunna
ნაგვის ყუთი
uppþvottavél
ჭურჭლის სარეცხი მანქანა

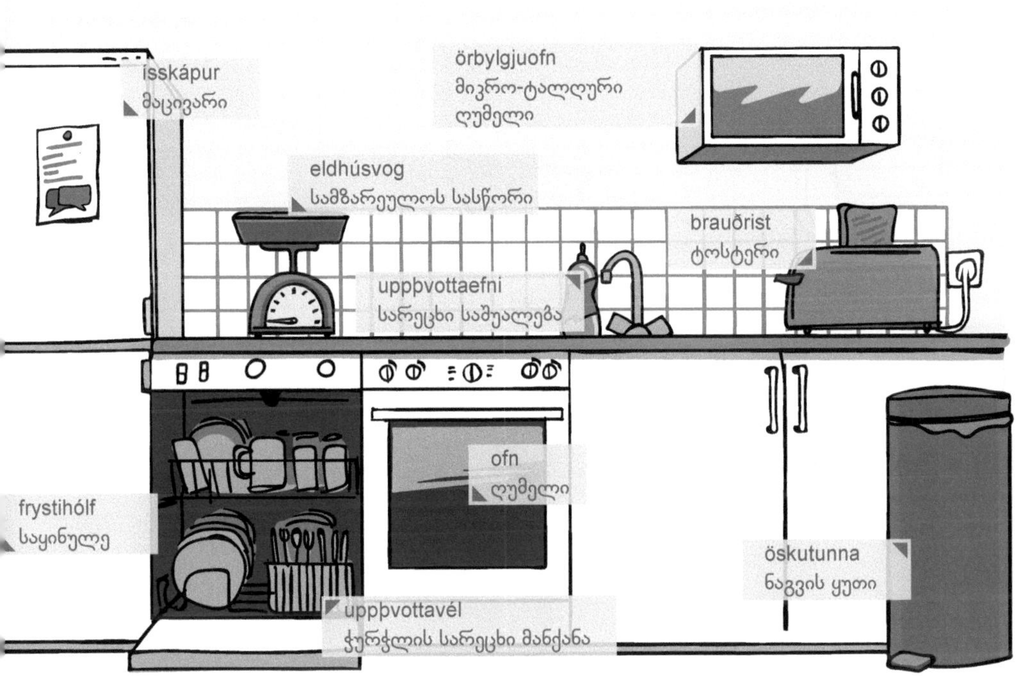

eldavél

გაზქურა

pottur

ქოთანი

steypujárnspottur

თუჯის ქვაბი

wok/kadai

ტაფა ამოზერილი ფსკერით

panna

ტაფა

ketill

ჩაიდანი

eldhús - სამზარეულო 35

gufukarfa

ორთქლსახარში

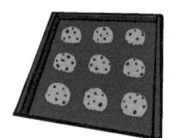

ofnform

საცხობი ლანგარი

leirtau

ჭურჭელი

mál

კათხა

skál

თასი

prjónar

ჩინური ჩხირები

ausa

ჩამჩა

spaði

ფითხი

pískur

სათქვეფელა

sigti

საწური

málmsigti

საცერი

rifjárn

სახეხი

mortél

სანაყი

grill

გრილი

opinn eldur

კოცონი

skurðarbretti

დაფა

kökukefli

საგორავი

tappatogari

ბურღი

dós

ქილა

dósaopnari

ქილის გასახსნელი

pottaleppur

ქოთნის დამჭერი

vaskur

ნიჟარა

bursti

ფუნჯი

svampur

ღრუბელი

blandari

ბლენდერი

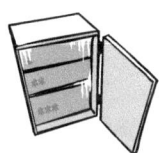

frystir

საყინულე კამერა

peli

საბავშვო ბოთლი

blöndunartæki

ონკანი

baðherbergi
აბაზანა

sturta
შხაპი
upphitun
გათბობა
handklæði
პირსახოცი
sturtuhengi
საშხაპე ფარდა
froðubað
ღრუბლიანი აბანო
baðkar
glas
ჭიქა
þvottavél
სარეცხი მანქანა
blöndunartæki
ონკანი
flísar
ფილები
barnakoppur
ღამის ქოთანი
vaskur
ნიჟარა

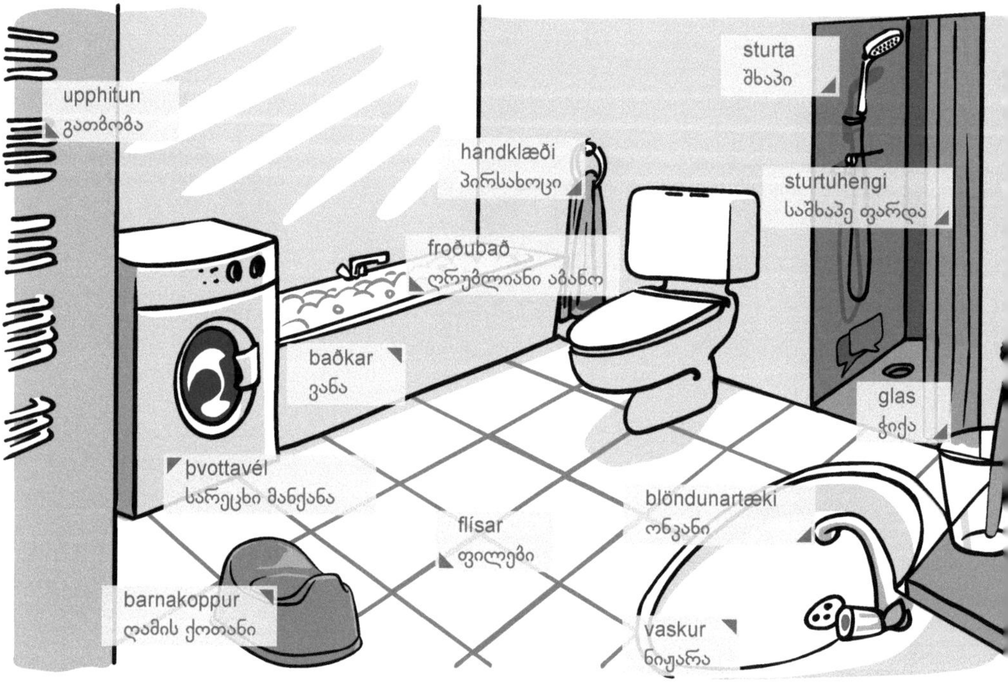

salerni

ტუალეტი

salerni án setu

იატაკის ტუალეტი

skolskál

ბიდე

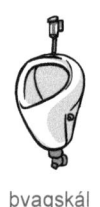

þvagskál

კედლის პისუარი

salernispappír

ტუალეტის ქაღალდი

salernisbursti

ტუალეტის ჯაგრისი

tannbursti

კბილის ჯაგრისი

tannkrem

კბილის პასტა

tannþráður

კბილის ძაფი

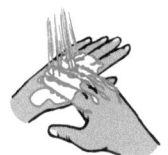

þvo

რეცხვა

handsturta

ხელის შხაპი

salernissturta

ინტიმური შხაპი

vaskur

ტაშტი

bakbursti

ზურგის სახეხი ფუნჯი

sápa

საპონი

sturtugel

შხაპის გელი

sjampó

შამპუნი

flannel

ნეჭა

niðurfall

სანიაღვრე

krem

კრემი

svitalyktareyðir

დეოდორანტი

spegill

სარკე

handspegill

ხელის სარკე

rakskafa

ბრიტვა

raksápa

საპარსი ქაფი

rakspíri

საშუალება გაპარსვის შემდეგ

greiða

სავარცხელი

bursti

ჯაგრისი

hárþurrka

თმის საშრობი

hársprey

თმის ლაქი

farði

კოსმეტიკა

varalitur

ტუჩების პომადა

naglalakk

ფრჩხილის ლაქი

bómull

ბამბა

naglaklippur

ფრჩხილის მაკრატელი

ilmvatn

სუნამო

þvottapoki

კოსმეტიკის ჩანთა

kollur

ტაბურეტი

vog

სასწორი

sloppur

საბანაო ხალათი

gúmmíhanskar

რეზინის ხელთათმანები

tíðatappi

ტამპონი

dömubindi

ანიტარული პირსახოცი

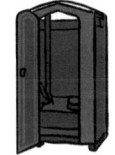

efnasalerni

ბიო-ტუალეტი

barnaherbergi
საბავშვო ოთახი

vekjaraklukka
მაღვიძარა
mjúkt leikfang
რბილი სათამაშო
leikfangabíll
სათამაშო მანქანა
hrista
ჩხარუნა სათამაშო
dúkkuhús
თოჯინების სახლი
gjöf
საჩუქარი

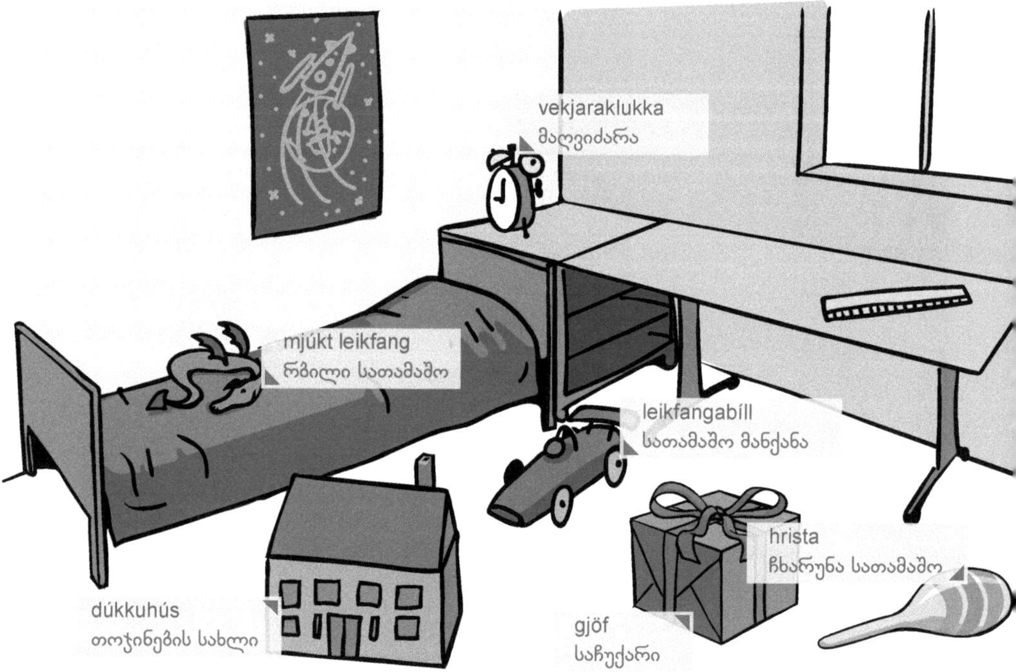

blaðra

ბუშტი

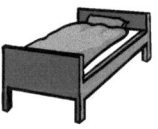

rúm

ლოგინი

barnavagn

საბავშვო ეტლი

spilastokkur

კარტის თამაში

púsluspil

პაზლი

myndasaga

კომიკსი

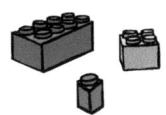

legókubbar
ლეგოს აგურები

leikfangakubbar
ასაშენებელი კუბიკები

leikfangakall
სათამაშო ფიგურა

samfestingur
საცოცავი

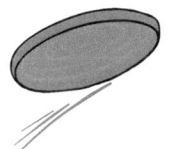

Frisbídiskur
ფრისბი

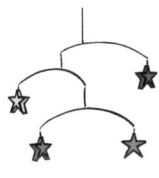

órói
მობილე

spilaborð
სამაგიდო თამაში

teningar
კამათელი

lestarlíkan
რკინიგზის მოდელი

snuð
საწოვარა

veisla
წვეულება

myndabók
წიგნი ნახატებით

bolti
ბურთი

brúða
თოჯინა

spila
თამაში

sandkassi

საქვიშარი

sveifla

საქანელა

leikföng

სათამაშოები

leikjatölva

ვიდეო თამაშის კონსოლი

þríhjól

სამთვლიანი ველოსიპედი

bangsi

დათუნია

fataskápur

გარდერობი

föt

ტანსაცმელი

sokkar

წინდები

kvensokkabuxur

ჩულქები

sokkabuxur

კოლგოტები

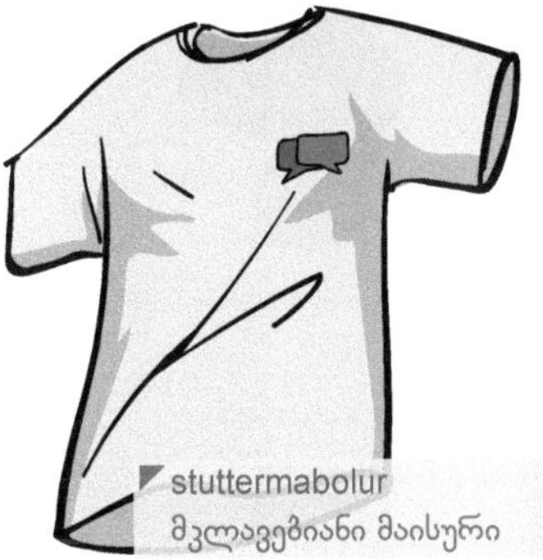

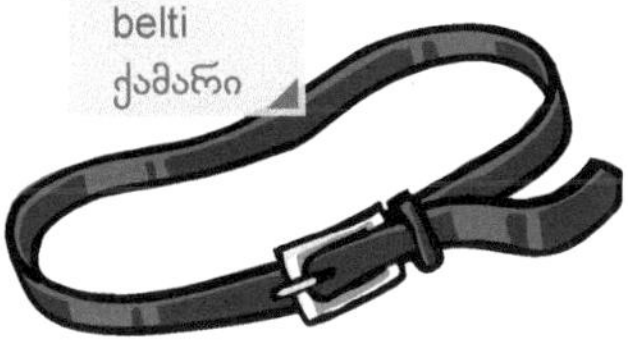

trefill
შარფი

regnhlíf
ქოლგა

stuttermabolur
მკლავებიანი მაისური

belti
ქამარი

skór
ფეხსაცმელი

strigaskór
ბოტასები

inniskór
ჩუსტები

sandalar

სანდლები

skór

ფეხსაცმელი

gúmmístígvél

რეზინის ჩექმები

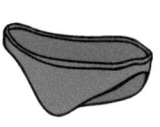

nærbuxur

ტრუსები

brjóstahaldari

ბიუსჰალტერი

vesti

მაისური

samfella

სხეული

buxur

შარვალი

gallabuxur

ჯინსი

pils

ქვედაკაბა

blússa

ბლუზი

skyrta

პერანგი

peysa

სვიტრი

hettupeysa

კაპიუშონიანი ჟაკეტი

jakki

სპორტული ქურთუკი

jakki

ჟაკეტი

frakki

პალტო

regnfrakki

საწვიმარი

dragt

კოსტუმი

kjóll

კაბა

brúðarkjóll

საქორწილო კაბა

jakkaföt

კაცის კოსტიუმი

náttkjóll

ღამის პერანგი

náttföt

პიჟამოები

Sari

სარი

höfuðslæða

თავშალი

túrban

ტურბანი

búrka

ჩადრი

kaftan

ხიფთანი

abaya

აბაია

sundföt

საცურაო კოსტუმი

sundbuxur

ჩემოდნები

stuttbuxur

შორტები

íþróttagalli

სპორტული კოსტიუმი

svunta

წინსაფარი

hanskar

ხელთათმანები

hnappur

ღილი

gleraugu

სათვალეები

armband

სამაჯური

hálsmen

ყელსაბამი

hringur

ბეჭედი

eyrnalokkur

საყურე

húfa

კეპი

herðatré

საკიდი

hattur

ქუდი

bindi

ჰალსტუხი

rennilás

ელვა-შესაკრავის შეკვრა

hjálmur

ჩაფხუტი

axlabönd

აჭიმი

skólabúningur

სკოლის ფორმა

einkennisbúningur

ფორმა

smekkur

გავშვის წინსაფარი

snuð

საწოვარა

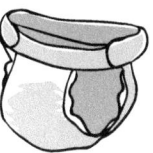

bleyja

პამპერსი

skrifstofa
ოფისი

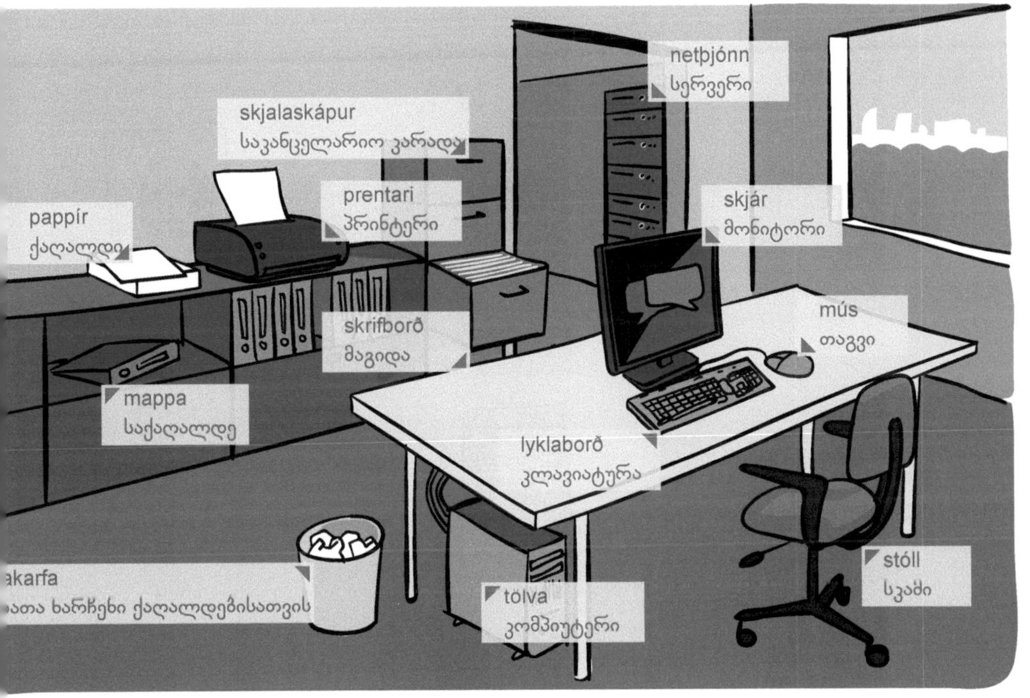

netþjónn
სერვერი
skjalaskápur
საკანცელარიო კარადა
pappír
ქაღალდი
prentari
პრინტერი
skjár
მონიტორი
skrifborð
მაგიდა
mús
თაგვი
mappa
საქაღალდე
lyklaborð
კლავიატურა
akarfa
ათა ხარჩენი ქაღალდებისათვის
tölva
კომპიუტერი
stóll
სკამი

kaffibolli

ყავის ფინჯანი

reiknivél

კალკულატორი

internet

ინტერნეტი

fartölva

ლეპტოპი

bréf

წერილი

skilaboð

მესიჯი

farsími

მობილური ტელეფონი

net

ქსელი

ljósritunarvél

სკანერი

hugbúnaður

პროგრამული
უზრუნველყოფა

sími

ტელეფონი

innstunga

როზეტი

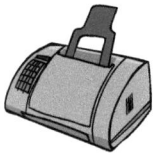

faxtæki

ფაქსის მანქანა

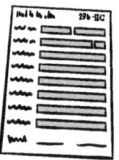

eyðublað

ფორმულარი

skjal

დოკუმენტი

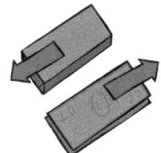

kaupa

ყიდვა

borga

გადახდა

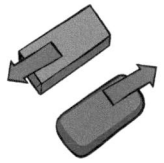

versla

ვაჭრობა

peningar

ფული

dollari

დოლარი

evra

ევრო

jen

იენი

rúbla

რუბლი

svissneskur franki

შვეიცარული ფრანკი

renminbi yuan

ჟენმინბი იუანი

rúpíur

რუპი

hraðbanki

ბანკომატი

gjaldeyrisskipti

ვალუტის გადაცვლის პუნქტი

gull

ოქრო

silfur

ვერცხლი

olía

ნავთობი

orka

ენერგია

verð

ფასი

samningur

ხელშეკრულება

skattur

გადასახადი

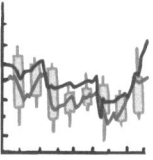

hlutabréf

აქცია

vinna

მუშაობა

starfsmaður

თანამშრომელი

vinnuveitandi

დამსაქმებელი

verksmiðja

ქარხანა

búð

მაღაზია

lögreglumaður
პოლიციის ოფიცერი

slökkviliðsmaður
მეხანძრე

kokkur
მზარეული

læknir
ექიმი

flugmaður
მფრინავი

garðyrkjumaður

მებაღე

smiður

დურგალი

saumakona

თეთრეულის მკერავი
ქალბატონი

dómari

მოსამართლე

lyfjafræðingur

ქიმიკოსი

leikari

მსახიობი

strætóbílstjóri

ავტობუსის მძღოლი

leigubílstjóri

ტაქსის მძღოლი

sjómaður

მეთევზე

ræstitæknir

დამლაგებელი ქალბატონი

þaksmiður

სახურავის ოსტატი

þjónn

მიმტანი

veiðimaður

მონადირე

málari

ფერმწერი

bakari

მცხობელი

rafvirki

ელექტრიკოსი

byggingaverkamaður

მშენებელი

verkfræðingur

ინჟინერი

slátrari

ყასაბი

pípari

სანტექნიკოსი

póstmaður

ფოსტალიონი

hermaður

ჯარისკაცი

arkitekt

არქიტექტორი

gjaldkeri

მოლარე

blómasali

ფლორისტი

hárgreiðslumaður

პარიკმახერი

lestarstjóri

კონდუქტორი

vélvirki

მექანიკოსი

skipstjóri

კაპიტანი

tannlæknir

სტომატოლოგი

vísindamaður

მეცნიერი

rabbíi

რაბინი

Imam

იმამი

munkur

ბერი

prestur

სასულიერო პირი

verkfæri

იარაღები

tangir
ბრტყელტუჩა
hamar
ჩაქუჩი
skrúfjárn
სახრახნისი
logsuðutæki
ჯიბის სანათი
skiptilykill
ქანჩის გასაღები

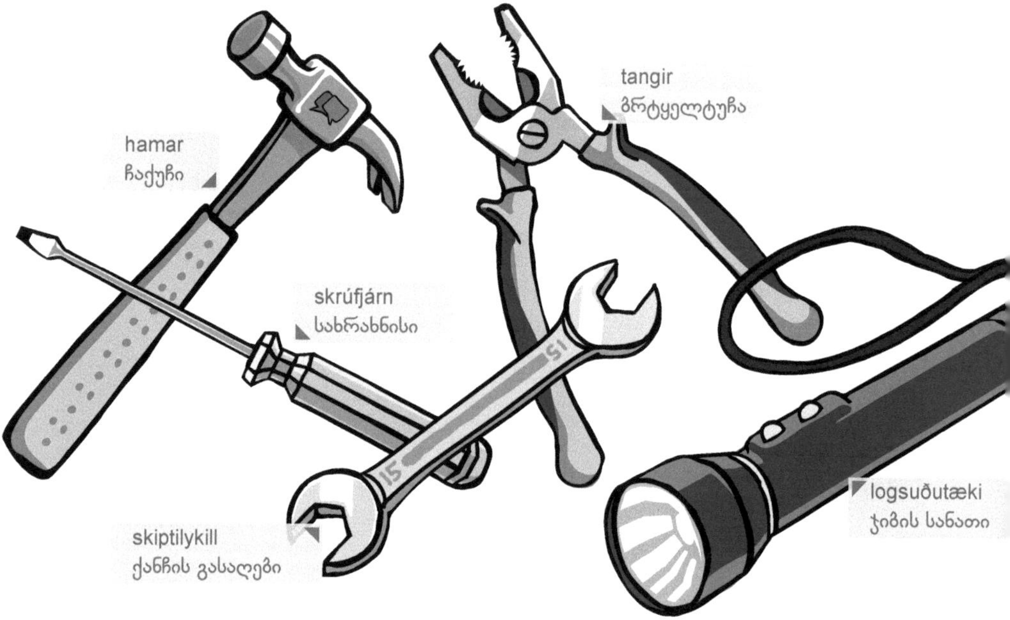

grafa

ექსკავატორი

verkfærataska

იარაღების ყუთი

stigi

კიბე

sög

ხერხი

naglar

ლურსმები

bor

საბურღი

gera við

შეკეთება

skófla

ნიჩაბი

Fjandinn!

ანდაზა!

fægiskófla

აქანდაზი

málningarfata

საღებავის ქოთანი

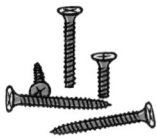

skrúfur

ხრახნები

hljóðfæri

მუსიკალური ინსტრუმენტები

hátalari
რეპროდუქტორი
trommusett
დასარტყამი ინსტრუმენტების კრებული
gítar
გიტარა
kontrabassi
კონტრაბასი
trompet
საყვირი

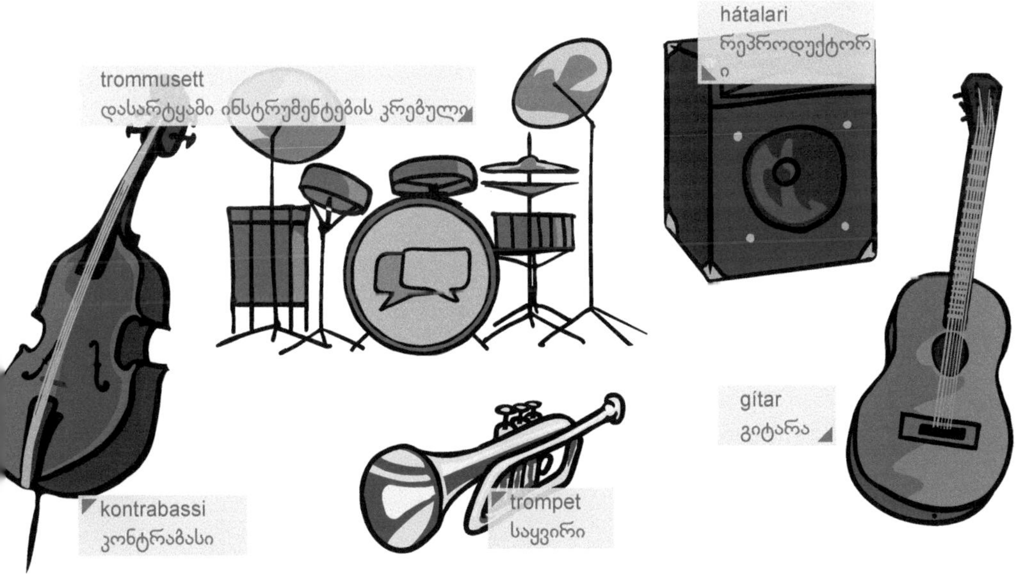

píanó

ფორტეპიანო

fiðla

ვიოლინო

bassi

ბასი

pákur

ტიმპანონი

trommur

დასარტყამები

hljómborð

კლავიშები

saxófónn

საქსოფონი

flauta

ფლეიტა

hljóðnemi

მიკროფონი

dýragarður
ზოოპარკი

tígrisdýr
ვეფხვი
inngangur
შესასვლელი
búr
გალია
sebrahestur
ზებრა
fóður
ცხოველთა საკვები
pandabjörn
პანდა

dýr

ცხოველები

fíll

სპილო

kengúra

კენგურუ

nashyrningur

მარტორქა

górilla

გორილა

skógarbjörn

დათვი

úlfaldi

აქლემი

strútur

სირაქლემა

ljón

ლომი

api

მაიმუნი

flamingó

ფლამინგო

páfagaukur

თუთიყუში

ísbjörn

პოლარული დათვი

mörgæs

პინგვინი

hákarl

ზვიგენი

páfugl

ფარშევანგი

snákur

გველი

krókódíll

ნიანგი

dýragarðsvörður

ზოოპარკის მფლობელი

selur

სელაპი

jagúar

იაგუარი

hestur

პონი

hlébarði

ლეოპარდი

flóðhestur

ბეჰემოტი

gíraffi

ჟირაფი

örn

არწივი

villisvín

ტახი

fiskur

თევზი

skjaldbaka

კუ

rostungur

მორჟი

refur

მელა

gasella

გაზელი

íþróttir
სპორტი

Amerískur fótbolti
ამერიკული ფეხბურთი
hjólreiðar
ველოსპორტი
tennis
ჩოგბურთი
körfubolti
კალათბურთი
sund
ცურვა
hnefaleikar
კრივი
íshokkí
ყინულის ჰოკეი

fótbolti

ფეხბურთი

hnit

ბადმინტონი

frjálsar íþróttir

მძლეოსნობა

handbolti

ხელბურთი

skíði

სათხილამურო სპორტი

póló

წყლის პოლო

hlæja
დაცინვა
oppa
ადახტომა
faðma
ჩახუტება
ganga
სეირნობა
syngja
სიმღერა
dreyma
ოცნებობა
biðja
ლოცვა
kyssa
კოცნა

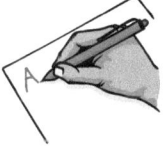

skrifa

წერა

teikna

დახატვა

sýna

ჩვენება

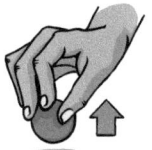

ýta

დაჭერა

gefa

მიცემა

taka

აღება

hafa

ქონა

gera

კეთება

vera

ყოფნა

standa

დგომა

hlaupa

გარბენა

draga

მოქაჩვა

kasta

გადაყრა

detta

დაცემა

ljúga

ტყუილის თქმა

bíða

მოცდენა

bera

ტარება

sitja

ჯდომა

klæða sig

ჩაცმა

sofa

ძილი

vakna

გაღვიძება

líta á

დათვალიერება

gráta

ტირილი

strjúka

გაუთოება

greiða

დავარცხნა

tala

ლაპარაკი

skilja

გაგება

spyrja

შეკითხვა

hlusta

მოსმენა

drekka

დალევა

borða

ჭამა

taka til

დალაგება

elska

ყვარება

elda

კერძების მზადება

keyra

სვლა

fljúga

ფრენა

sigla

აფრის ქვეშ სიარული

reikna

გამოთვლა

lesa

წაკითხვა

læra

შესწავლა

vinna

მუშაობა

giftast

ქორწინება

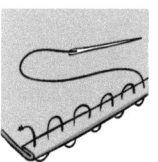

sauma

კერვა

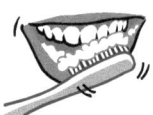

bursta tennur

კბილების ხეხვა

drepa

მოკვლა

reykja

მოწევა

senda

გაგზავნა

fjölskylda
ოჯახი

amma
ბებია
afi
ბაბუა
faðir
მამა
móðir
დედა
barn
ბავშვი
dóttir
ქალიშვილი
sonur
ვაჟიშვილი

gestur

სტუმარი

frænka

დეიდა

frændi

ბიძა

bróðir

ძმა

systir

და

líkami

სხეული

enni
შუბლი
auga
თვალი
andlit
სახე
haka
ნიკაპი
brjóst
მკერდი
fingur
თითი
hönd
ხელი
handleggur
მკლავი
öxl
მხარი
fótleggur
ფეხი

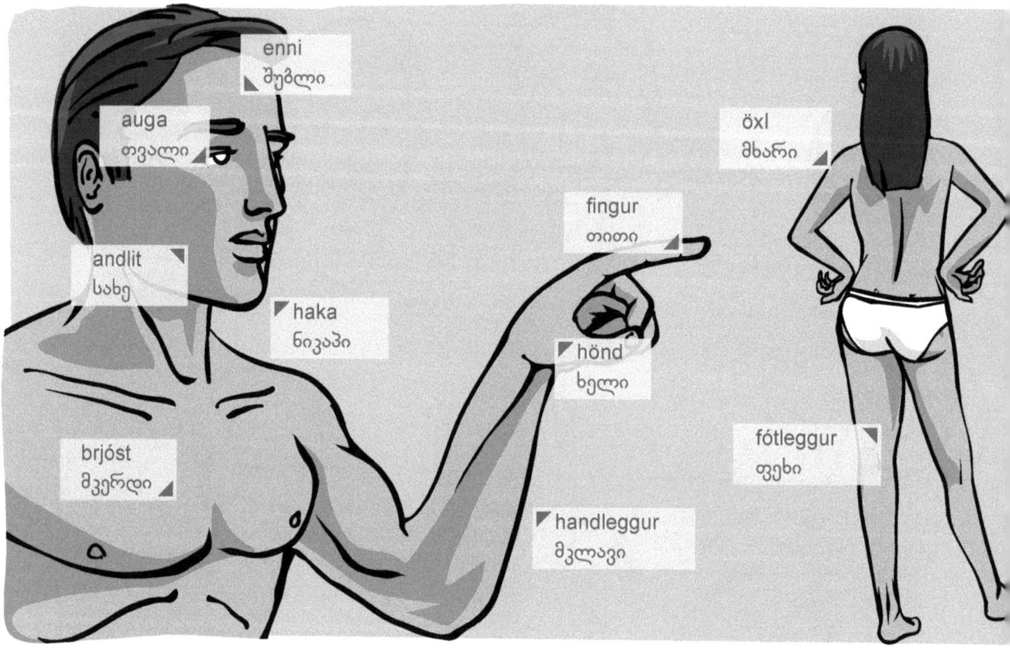

barn

ბავშვი

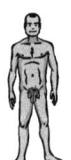

maður

კაცი

kona

ქალი

stúlka

გოგო

drengur

ბიჭი

höfuð

თავი

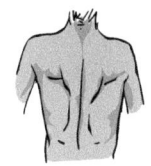

bak

ზურგი

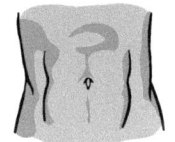

kviður

მუცელი

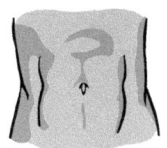

nafli

ჭიპი

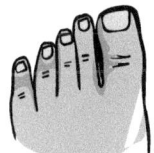

tá

ფეხის თითი

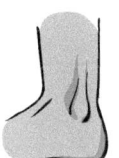

hæll

ქუსლი

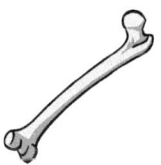

bein

ძვალი

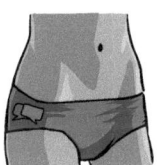

mjöðm

ბარძაყი

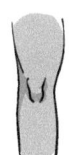

hné

მუხლი

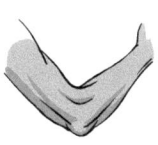

olnbogi

იდაყვი

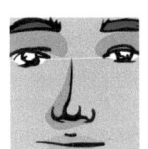

nef

ცხვირი

rass

დუნდულა

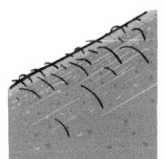

húð

კანი

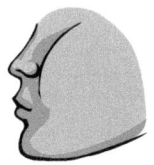

kinn

ლოყა

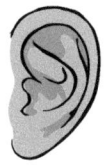

eyra

ყური

vör

ტუჩი

munnur

პირი

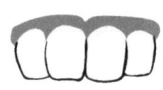

tönn

კბილი

tunga

ენა

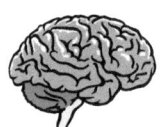

heili

ტვინი

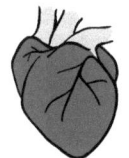

hjarta

გული

vöðvi

კუნთი

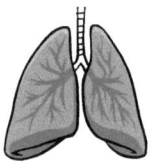

lunga

ფილტვი

lifur

ღვიძლი

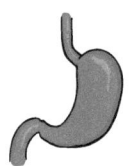

magi

კუჭი

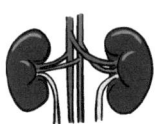

nýru

თირკმელები

kynmök

სექსი

smokkur

პრეზერვატივი

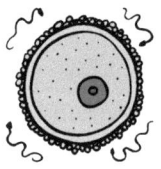

eggfruma

კვერცხუჯრედი

sæði

სპერმა

ólétta

ორსულობა

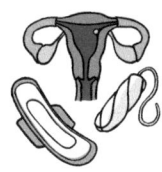

tíðir

მენსტრუაცია

leggöng

საშო

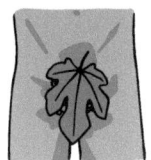

typpi

პენისი

augabrún

წარბი

hár

თმა

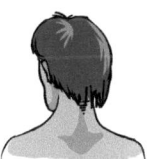

háls

კისერი

sjúkrahús
საავადმყოფო

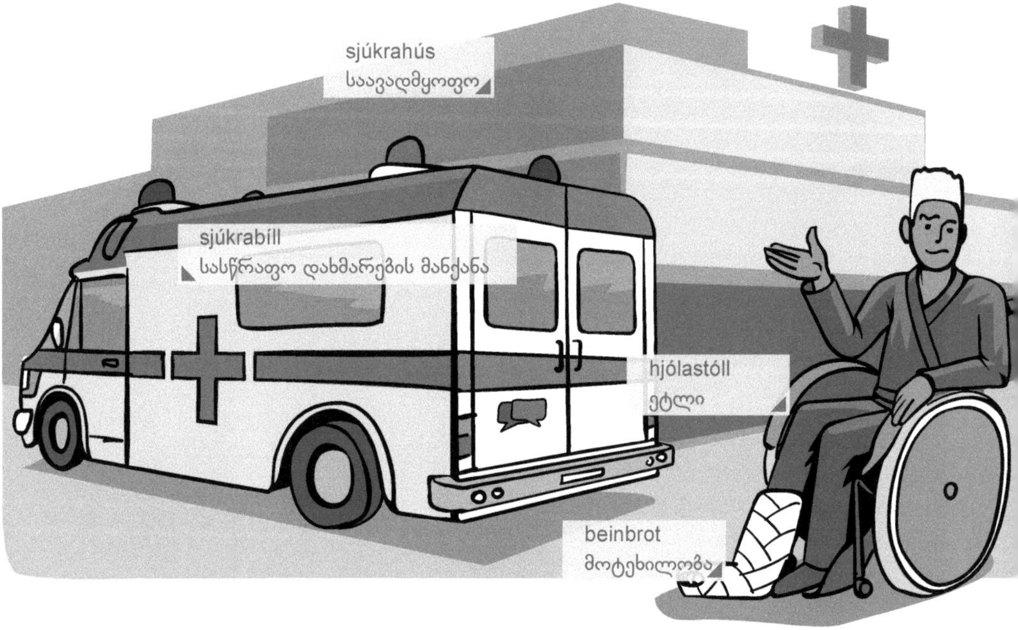

sjúkrahús
საავადმყოფო
sjúkrabíll
სასწრაფო დახმარების მანქანა
hjólastóll
ეტლი
beinbrot
მოტეხილობა

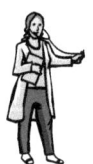

læknir

ექიმი

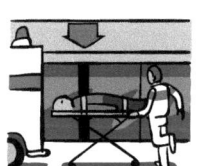

bráðamóttaka

პირველი დახმარების ოთახი

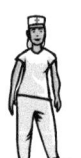

hjúkrunarfræðingur

მედდა

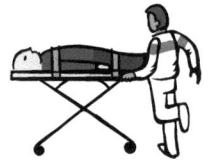

neyðartilvik

გადაუდებელი შემთხვევა

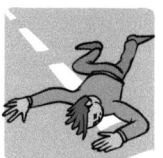

meðvitundarlaus

უგონოდ მყოფი

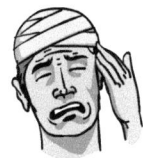

verkir

ტკივილი

meiðsli

დაზიანება

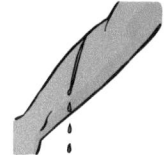

blæðing

სისხლდენა

hjartaáfall

გულის შეტევა

heilablóðfall

ინსულტი

ofnæmi

ალერგია

hósti

ხველა

hiti

ცხელება

flensa

გრიპი

niðurgangur

დიარეა

höfuðverkur

თავის ტკივილი

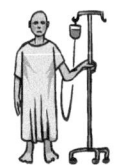

krabbamein

კიბო

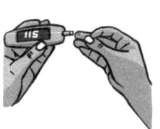

sykursýki

დიაბეტი

skurðlæknir

ქირურგი

skurðhnífur

სკალპელი

aðgerð

ოპერაცია

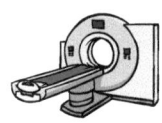

sneiðmyndataka

კტ

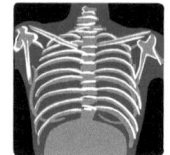

röntgengeisli

რენტგენი

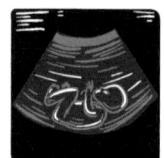

ómskoðun

ულტრაბგერა

andlitsgríma

ნიღაბი

sjúkdómur

დაავადება

biðstofa

მოსაცდელი ოთახი

hækja

ყავარჯენი

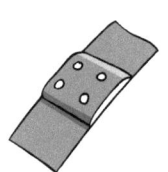

gifs

თაბაშირი

sáraumbúðir

ბინტი

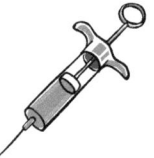

sprauta

ინექცია

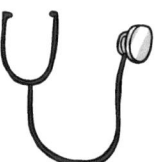

hlustunarpípa

სტეტოსკოპი

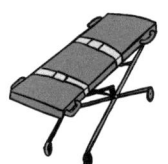

börur

საკაცე

líkamshitamælir

თერმომეტრი

fæðing

დაბადება

yfirvigt

ჭარბი წონა

heyrnartæki

სმენის აპარატი

sótthreinsiefni

სადეზინფექციო საშუალება

sýking

ინფექცია

veira

ვირუსი

HIV / AIDS

აივ / შიდსი

lyf

წამალი

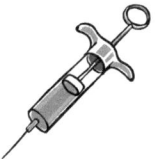

bólusetning

ვაქცინაცია

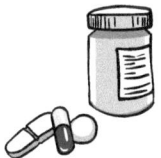

töflur

ტაბლეტები

pilla

აბი

neyðarsímtal

დაუდებელი გამოძახება

blóðþrýstingsmælir

წნევის საზომი აპარატი

lasinn / heilbrigður

ავადმყოფი / ჯანმრთელი

neyðartilvik

გადაუდებელი შემთხვევა

Hjálp!

დამეხმარეთ!

viðvörun

განგაში

líkamsárás

თავდასხმა

árás

შეტევა

hætta

საფრთხე

neyðarútgangur

სათადარიგო გასასვლელი

Eldur!

ხანძარი!

slökkvitæki

ცეცხლსაქრობი

slys

უბედური შემთხვევა

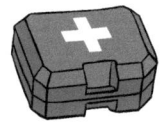

skyndihjálparbúnaður

პირველადი დახმარების აფთიაქი

SOS

SOS

lögregla

პოლიცია

Jörð
დედამიწა

Evrópa

ევროპა

Norður-Ameríka

ჩრდილოეთ ამერიკა

Suður-Ameríka

სამხრეთ ამერიკა

Afríka

აფრიკა

Asía

აზია

Ástralía

ავსტრალია

Atlantshaf

ატლანტიკა

Kyrrahaf

წყნარი ოკეანე

Indlandshaf

ინდოეთის ოკეანე

Suður-Íshaf

ანტარქტიკის ოკეანე

Norður-Íshaf

ჩრდილოეთის ყინულოვანი ოკეანე

Norðurpóll

ჩრდილოეთ პოლუსი

Suðurpóll

სამხრეთ პოლუსი

Suðurskautslandið

ანტარქტიდა

Jörð

დედამიწა

land

ხმელეთი

sjór

ზღვა

eyja

კუნძული

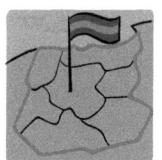

þjóð

ერი

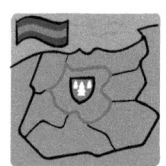

ríki

სახელმწიფო

klukka
საათი

klukkuskífa

ციფერბლატი

litli vísir

საათების ისარი

stóri vísir

წუთების ისარი

sekúnduvísir

წამების ისარი

Hvað er klukkan?

რომელი საათია?

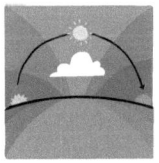

dagur

დღე

tími

დრო

nú

ახლა

tölvuúr

ციფრული საათი

mínúta

წუთი

klukkustund

საათი

vika

კვირა

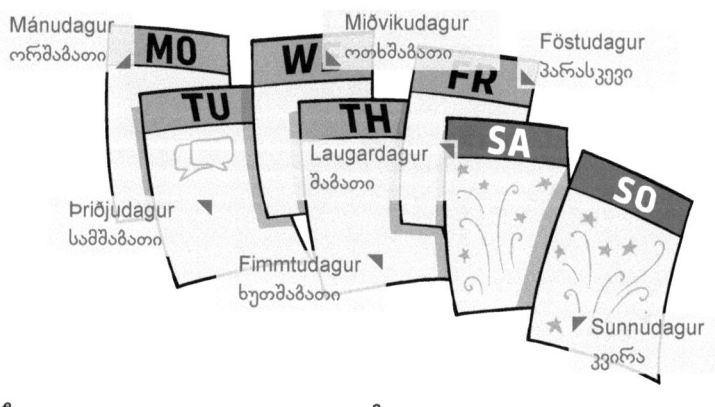

Mánudagur — ორშაბათი
Miðvikudagur — ოთხშაბათი
Föstudagur — პარასკევი
Laugardagur — შაბათი
Þriðjudagur — სამშაბათი
Fimmtudagur — ხუთშაბათი
Sunnudagur — კვირა

í gær
გუშინ

í dag
დღეს

á morgun
ხვალ

morgunn
დილა

hádegi
შუადღე

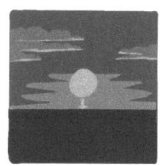

kvöld
საღამო

MO	TU	WE	TH	FR	SA	SU
1	2	3	4	5	6	7
8	9	10	11	12	13	14
15	16	17	18	19	20	21
22	23	24	25	26	27	28
29	30	31	1	2	3	4

virkir dagar
სამუშაო დღეები

MO	TU	WE	TH	FR	SA	SU
1	2	3	4	5	6	7
8	9	10	11	12	13	14
15	16	17	18	19	20	21
22	23	24	25	26	27	28
29	30	31	1	2	3	4

helgi
შაბათი-კვირა

rigning
წვიმა
regnbogi
ცისარტყელა
vindur
ქარი
snjór
თოვლი
vor
გაზაფხული
sumar
ზაფხული
haust
შემოდგომა
vetur
ზამთარი

4.APRIL 11°
5.APRIL 4°
6.APRIL 13°
7.APRIL 8°
8.APRIL 10°

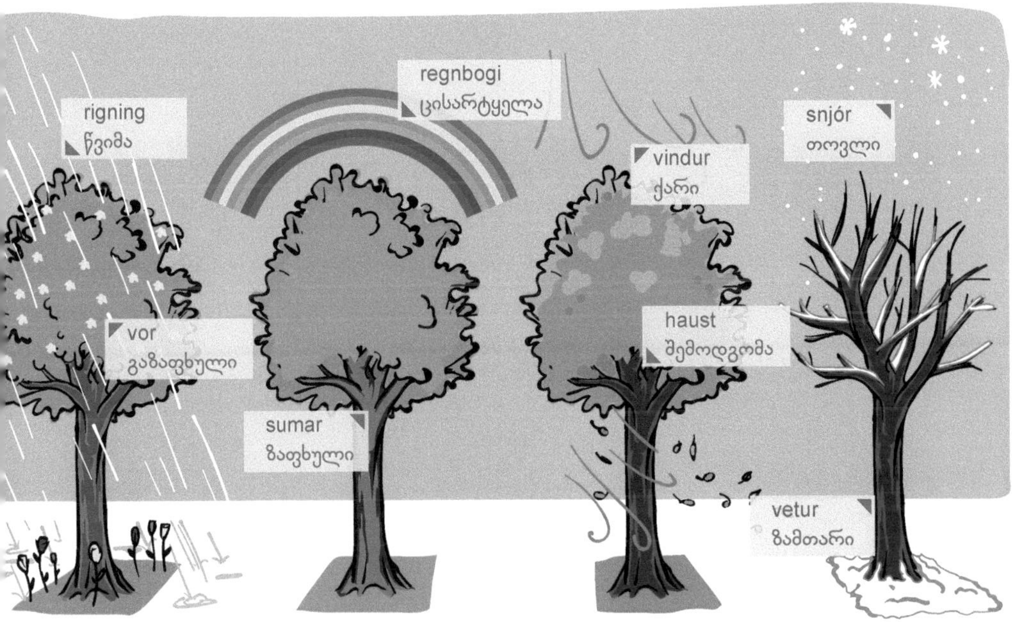

veðurspá
ამინდის პროგნოზი

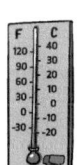

hitamælir
თერმომეტრი

sólskin
მზის სხივი

ský
ღრუბელი

þoka
ნისლი

raki
ტენიანობა

eldingar

ელვა

þrumuveður

ქუხილი

stormur

შტორმი

haglél

სეტყვა

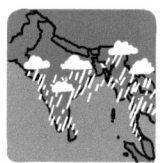

monsún

მუსონი

flóð

წყალდიდობა

ís

ყინული

Janúar

იანვარი

Febrúar

თებერვალი

Mars

მარტი

Apríl

აპრილი

Maí

მაისი

Júní

ივნისი

Júlí

ივლისი

Ágúst

აგვისტო

September
....
სექტემბერი

Október
....
ოქტომბერი

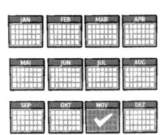

Nóvember
....
ნოემბერი

Desember
....
დეკემბერი

form
ფორმები

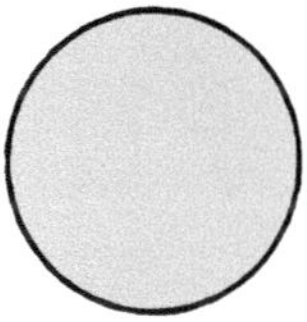

hringur
....
წრე

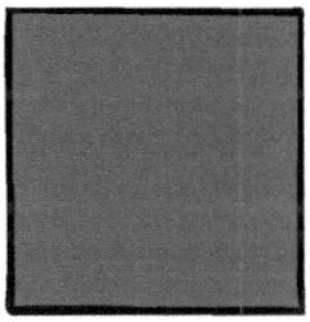

ferningur
....
კვადრატი

rétthyrningur
....
მართკუთხედი

þríhyrningur
....
სამკუთხედი

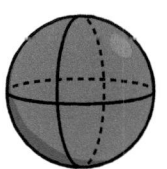

kúla
....
სფერო

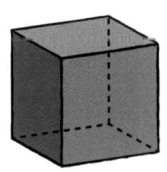

teningur
....
კუბი

litir

ფერები

hvítur

თეთრი

gulur

ყვითელი

appelsínugulur

ნარინჯისფერი

bleikur

ვარდისფერი

rauður

წითელი

fjólublár

იისფერი

blár

ცისფერი

grænn

მწვანე

brúnn

ყავისფერი

grár

ნაცრისფერი

svartur

შავი

mikið / lítið

ბევრი / ცოტა

reiður / rólegur

გაბრაზებული / მშვიდი

fallegur / ljótur

ლამაზი / მახინჯი

upphaf / endir

დასაწყისი / დასასრული

stór / lítill

დიდი / პატარა

bjartur / dimmur

ნათელი / მუქი

bróðir / systir

ძმა / და

hreinn / óhreinn

სუფთა / ჭუჭყიანი

heill / ófullnægjandi

სრული / არასრული

dagur / nótt

დღე / ღამე

dauður / lifandi

მკვდარი / ცოცხალი

breiður / mjór

განიერი / ვიწრო

ætur / óætur

საჭმელად ვარგისი / საჭმელად უვარგისი

vondur / góður

ბოროტი / კეთილი

spenntur / leiður

შთამბეჭდავი / მოსაწყენი

feitur / mjór

სქელი / თხელი

fyrstur / síðastur

პირველი / ბოლო

vinur / óvinur

მეგობარი / მტერი

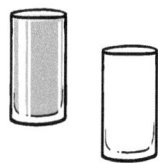

fullur / tómur

სრული / ცარიელი

harður / mjúkur

მყარი / რბილი

þungur / léttur

მძიმე / მსუბუქი

svangur / þyrstur

მოშიებული / მწყურვალე

lasinn / heilbrigður

ავადმყოფი / ჯანმრთელი

ólöglegur / löglegur

არალეგალური / ლეგალური

greindur / heimskur

ინტელექტუალი / სულელი

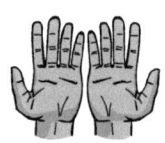

vinstri / hægri

მარცხენა / მარჯვენა

nálægur / fjarlægur

ახლოს / შორს

nýr / notaður

ხალი / გამოყენებული

ekkert / eitthvað

არაფერი / რაღაცა

gamall / ungur

მოხუცი / ახალგაზრდა

kveikt / slökkt

ჩართვა / გამორთვა

opna / loka

ღია / დახურული

Lágvær / hávær

ჩუმი / ხმამაღალი

ríkur / fátækur

მდიდარი / ღარიბი

rétt / rangt

მართალი / მტყვანი

grófur / sléttur

უხეში / გლუვი

rgbitinn / hamingjusamur

სევდიანი / ბედნიერი

stutt / lengi

მოკლე / გრძელი

hægt / hratt

ნელი / სწრაფი

blautur / þurr

სველი / მშრალი

heitur / kaldur

თბილი / გრილი

stríð / friður

ომი / მშვიდობა

tölur

რიცხვები

0	**1**	**2**
núll	einn	tveir
ნული	ერთი	ორი
3	**4**	**5**
þrír	fjórir	fimm
სამი	ოთხი	ხუთი
6	**7**	**8**
sex	sjö	átta
ექვსი	შვიდი	რვა
9	**10**	**11**
níu	tíu	ellefu
ცხრა	ათი	თერთმეტი

12
tólf
თორმეტი

13
þrettán
ცამეტი

14
fjórtán
თოთხმეტი

15
fimmtán
თხუთმეტი

16
sextán
თექვსმეტი

17
sautján
ჩვიდმეტი

18
átján
თვრამეტი

19
nítján
ცხრამეტი

20
tuttugu
ოცი

100
hundrað
ასი

1.000
þúsund
ათასი

1.000.000
milljón
მილიონი

tungumál
ენები

Enska

ინგლისური

Amerísk enska

ამერიკული ინგლისური

Mandarin-kínverska

ჩინური მანდარინი

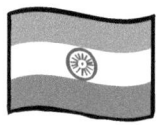

Hindí

ჰინდი

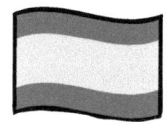

Spænska

ესპანური

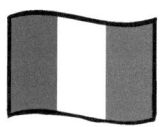

Franska

ფრანგული

Arabíska

არაბული

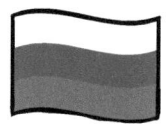

Rússneska

რუსული

Portúgalska

პორტუგალიური

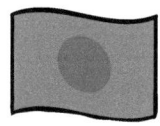

Bengali

ბენგალური

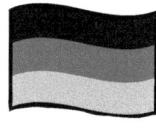

Þýska

გერმანული

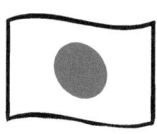

Japanska

იაპონური

hver / hvað / hvernig
ვინ / რა / როგორ

ég

მე

þú

შენ

hann / hún / það

ის / ის / იგი

við

ჩვენ

þú

თქვენ

þeir

ისინი

hver?

ვინ?

hvað?

რა?

hvernig?

როგორ?

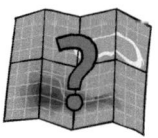

hvar?

სად?

hvenær?

როდის?

nafn

სახელი

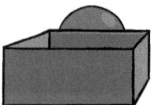

hvar

სად

bakvið

უკან

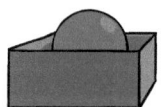

í

შიგნით

fyrir framan

წინ

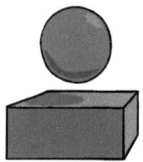

yfir

ზედ

á

=-ზე

undir

ქვეშ

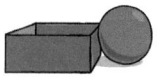

við hliðina

გვერდით

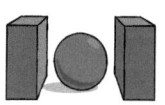

milli

შორის

sæti

ადგილი